프리지어 꽃을 사고 싶었던 날

프리지어 꽃을 사고 싶었던 날

김정자 시집

우리글

자서自序

첫 번째 시집을 낼 때 나는,
나뭇가지에 매달려 있는 이파리들은
모조리 아름다운 시어詩語라고 생각했다.

네 번째 시집을 내면서 나는,
이들을 부끄러워한답시고
제법 전지가위를 휘둘러
가지치기를 했다.

그러고 보니 마치 면도를 잘못한
산타클로스가 되어버린 느낌이다.

그럼에도 감히 이 시집을 나는,
나를 아껴준 모든 사람들에게
바치고 싶다.

〈우리글〉의 어여쁜 이들에게
깊이 감사한다.

2007년 4월에
월운月芸 김정자金亭子

차례

자서自序 · 5
섬 · 13
4월 눈꽃 · 14
죽비 · 16
먼 그대 · 18
영천역에서 · 20
프리지어 꽃을 사고 싶었던 날 · 21
야마골에서 · 22
대침大針을 맞으면서 · 24
아버지에게 띄우는 편지 · 26
행복한 일 · 28
겨울비 내리는 날 · 29
둔치도의 별 · 30
등불 하나 켜고 사는 여자 · 32
깊은 밤 · 34
아픔에게 · 35
연차蓮茶를 마시며 · 36

바람 · 38

산에서 별을 만나다 · 39

바람의 이야기 · 40

기림사祇林寺 보리수 아래서 · 42

복사꽃, 아, 복사꽃 · 43

귀에 익은 목소리 · 44

매화마을의 봄 · 45

통영 바다 · 46

여름을 떠나보내며 · 47

너를 기다리는 가을에 · 48

한계령 달빛 · 50

만추晩秋 · 51

노을 · 52

비 내리는 섬진강에서 · 53

임진강 · 54

겨울 · 56

늑대 · 58

해운대 바다에서 · 60

다리 위에 서다 · 62

추봉도에서 · 64

토함산의 봄 · 65

4월의 저녁 기도 · 66

천상의 바람소리 · 68

신학대학의 봄 · 70

달아공원에서 · 72

눈 내리는 통고산에서 · 75

스페인 베나바레Benabarre 사람들 · 76

라 만차의 돈키호테 언덕에서 · 78

태양의 바르셀로나 · 80

홉스걸 호수의 별빛 · 82

호수에 쓰는 편지 · 84

거리의 악사 · 85

그 신록 · 86

어치새에게 · 87

낙동강 안개 · 88

그러한 어머니 · 90

푸른 하늘 날으소서 · 92

마두금馬頭琴 · 94

먼 길 · 96

저무는 정월 바다 · 97

눈 덮인 마을의 그 여자 · 98

프리지어 꽃을 사고 싶었던 날

섬

언제나 홀로 섰습니다

하염없이 출렁이는 파도와
바람 속으로 산산히 흩어지는
구름만 있습니다

먼 산 뻐꾸기 울음소리
물결에 시달려
돌아갑니다

다시 오지 않는
그대 소식
무심히 기다리는

섬은 언제나
출렁이는 그리움입니다

4월 눈꽃

언제 벚꽃이
왔다 가는 거냐고
명년에, 내명년에 왔다
가는 거냐고

벚꽃이 눈처럼 흘러내리는
그대 사연을 읽으며
나는 왜 눈시울이 뜨거운가

아득한 날
눈꽃처럼 아름답던 날에
그대는 또 얼마나
눈부신 이름이었던가

그넷줄을 타고
시간이 멈추어 선
어두운 공원 모퉁이에서
기나긴 편지를 띄우던 그대는

이제 어디쯤에서

명년에, 내명년에 필
4월의 눈꽃을 그리워할 것인가

죽비

마음 외로운 날
살아 있는 사람들을
기를 쓰고 미워했습니다

산에 오르면 넘어져서
정강마루에 붉은 피가 넘쳐 흘렀습니다

둥지 짓던 까치가
나뭇가지를 물고 가다
내 머리통을 내리쳤습니다

하늘에서 죽비가 쏟아져 내렸습니다
손바닥으로 피를 닦아내며
눈물을 흘렸습니다

새는 거드름을 피우며
깍깍거리며
화를 냈습니다

하느님은 새를 야단치지도 않고

나를 나무라지도 않으셨습니다

외로움은
미움과 욕지거리와
상처로 남는 아픔입니다

죽비,
그 치열한 흔적으로 말입니다

먼 그대

오욕污辱의 인생을 썩게 해주는
산으로 간다던
그는

머언 구름 실어 보내며
지금 어디메쯤
연두빛 새잎 궁궐을 세웠을까

태초의 품으로
바람이 안아 준다는 산에서
인간사人間史 씻긴 달빛이
별빛과 놀고 있다는 산에서

그는 이제
무엇으로 설레는
세월을 지내고 있을까

내 젊은 날의 영혼을 뒤흔들어
광폭한 바람처럼 들판을 할퀴고
소리도 없이

먼 길 떠난 그대

바람 살랑이는 산에서도
새들이 노래하는 푸른 숲에서도
아득히 보이지 않는

그대
멀고 먼 이름이여!

영천역에서

마음 푸른 날은
가슴이 시리다

바람과 햇볕에 시달린
간이역의 기차는

사람들을 풀어놓고
물 한 모금 마실 새도 없이
선걸음으로 떠난다

영천역을 스치는
기차는 언제나
낯설고 외롭다

바람처럼 외롭다

프리지어 꽃을 사고 싶었던 날

사람들에게 부대껴 머릿속이 지끈거렸습니다
바람도 불지 않는 2월 하순 햇살이 너무나 투명했습니다

불현듯 프리지어 꽃을 사고 싶었습니다
호주머니에 몇 개 들어 있는 지폐를 만지작거리다
망설이며 한 묶음 꽃을 샀습니다

꽃에서는 노란 향기가 아우성을 쳤습니다
길섶에서 만난 작은 슬픔 같은 꽃망울
눈이 부셨습니다

사람들과 부대끼어 사람들이 싫었습니다
향기 뿜어내는 프리지어가 어쩐지 애처로워 보였습니다
바람도 불지 않는 투명한 날
길섶에서 만난 작은 아이 닮은 꽃망울이
자꾸 가슴을 시리게 했습니다

야마골에서

통영 서피랑은
항구의 콧등이라는데

서피랑 야마골엔
강아지와 거미줄만 사는
술집들이 촘촘히 들어서 있다

권력과 부를 따라
여자들은 떠나버리고
술 취한 비탈길만
빈 집들을 지키고 있다

인생과 술의 로맨티시즘을 논하던
청년들도 사라지고
야마골은 행복했던 젊은 날을 추억하며
거미줄만 빈 집의 공허를 지킬 뿐

항구의 콧등은 성형 날짜만 기다리며
달콤했던 시절의 유행가를 읊조린다
거미줄만 남은 빗장을 잠그고

삭은 술 향기 속에서
별도 빛나지 않는 밤을
야마골은 지키고 있다

대침大針을 맞으면서

천지가 경악한다
뻐꾸기도 후다닥 날개 파득이며
울음을 멈추는 한나절

백금 송곳을 들고
선혈을 풀어내어
중생의 하찮은 욕망을 씻어
이승의 통증을 치유하려는
윤성輪性 스님

칠백 개의 가시관을 쓰고
등줄기가 서늘하도록
전율을 참아야 하는 순간
숱한 눈물이 쏟아지는 것은
득도의 길이 이러하리라는
준엄한 깨달음 때문인가

비명을 지르도록
가열苛烈한 인생의 고빗길에서도
삶은 때로 아름다운 것이라고

쓰라린 머리통을 쓸어내리며
생각해 본다

바람은 흘러가고
눈이 아프게 투명한 햇살 같은
대침을 맞으며
나는
이 푸른 유월 한나절에
한사코 울음을 삼켜야 하느니

아버지에게 띄우는 편지

아버지
어머니가 눈을 감습니다

바람이 우구구
바닷가에 매달려
어머니 이름을 웅얼거립니다

아직도 할 일이
많이 남았을까요

목숨이 농울치던
젊은 날을 뒤척이며 어머니는
파도소리만 듣고 있습니다

한 번도 따뜻한 손
잡아주지 못한 아버지를
그리워하는 것일까요

가을이 익어 터지는 이승에서
물새소리를 들으며

어머니는
내 손을 잡지도 놓지도 못한 채
고요히 눈만 감고 있습니다

행복한 일

가슴 헛헛하여
낙동강 가에 나와 앉았을 때
저녁놀이 발그레 강물을 적시는
가을 하늘을 볼 수 있다는 것은
얼마나 행복한 일인가

붉은 포도주 한 잔에
엇비슷이 비치는 그대 기억을 되새기며
우리가 끝끝내 혼자라는 생각에도
그악스레 인생을 살지 않았다는
빛나는 슬픔

산다는 것은
내 가슴에 끝없이 진행되는 형식이며
따뜻한 오늘이다

바람 부는 낙동강 언덕에 섰어도
그대 발걸음 같은 안개가 피어오르는
새벽 강이 있다는 것은
또 얼마나 행복한 일인가

겨울비 내리는 날

자분자분 내리는 빗줄기에
낯익은 슬픔들이 빠져 나간다

마른 갈잎 사이로
수군거리던 바람도 멎었다

어지러운 운명을 한탄하던 마음도
한없는 부끄러움으로 젖는다

겨울비는 내리고
흐린 하늘 향해
날개 털어내는 까치소리

찬비에 젖어도 푸릇한 나무처럼
오, 한탄 없는 노래로 풀려가는 근심이었으면

둔치도의 별

얼어붙은 샛강 속으로
별들이 천천히
미끄러져 내리고 있다

별처럼 총총히 매달린
멀구별나무 열매들도
찬바람을 마시고 있다

사랑 없이 인생은 빈 털털이라고
목청을 돋우었던 친구들은
이 추운 겨울에 무얼 하고 있을까

둔치도 턱밑에서
멀고 먼 저녁 별들의 이야기를 듣고
부질없이 눈물 흘리던 그도
이제는 더 그 얼굴을 보여주지 않는다

사랑은 가고
어둠이 몰려오는 겨울밤이 깊어도
아직 인생은 유난히 빛나고

멀구별나무 열매들이
쌩한 바람 속에서
튼실하게 익어가듯이

나는
이 세찬 겨울을 이겨낼 수 있으리라

등불 하나 켜고 사는 여자

사람들은 나를
허수아비라고 불렀다

바람 앞에 서면 쉬 넘어지고
목소리 큰 사내 앞에 서면 눈물마저 질금거리고
스치기만 해도 상처받는 가슴에 붕대를 감으면서도
사람을 미워하지 못하는 나를

그들은 한결같이
얼방한 여자라고 손가락질했다

겨울 산에 오르다
은빛 나뭇가지들을 껴안고 있는
짙파란 하늘을 바라보다가 고함지르다가
돌밭에 넘어지는 나를

그들은 한없이
모자라는 여자라고 슬퍼했다

오래 전에 떠난 연인을 떠나보내지 못하는 나를

찔레 덤불 속에서 일어나
질긴 목숨 다시 건져내는
잡풀보다 못한 나를

허망한 바람 앞에서 갈잎처럼 흔들리며
소소소 - 울어대며
그래도 목숨 같은 등불 하나
가슴속에 켜고 사는 나를

하느님마저 끝내
바람 속의 허수아비라 하실 것인가

깊은 밤

창문을 열다가
불현듯 몰려오는
적막감

이처럼 황홀할 줄 몰랐음은
내 미처
그의 진폭을
알지 못했던 탓이러니

오래 전에 떠난
친구를 만난 듯 떨리는
이 지독한 반가움이여

아픔에게

한 세상 살면서
거칠지 않은 세월이
어디 있었으며
누군들 괴롭지 않았으리

무엇이 그리
너를 힘들게 하였더냐
어찌하여 이리 휘청거리며
조여오는 육신을 감당하지 못하느냐

"일어서라, 마리안나"
주께서 네게 명하시기를
다시 일어서라 하였느니

햇살 푸른 가을 들판에서
두 팔을 펼쳐들고
환한 미소로 그를 맞아

빛나는 얼굴
다시 한 번 보여 주렴
내 사랑 마리안나여!

연차蓮茶를 마시며

넋을 잃고
진흙 속의 우주를 지켜본다

장마 걷힌
초하의 느슨한 오후
이제 막 한 하늘이 열리는
연꽃 봉오리

은은한 꽃술 향기에
꽃잎 열리는 세계
서서히 기지개를 켜며
열화 같은 김을 뿜어낸다

마침내 피어나는
꽃봉오리여

혀끝으로 감도는 남풍의 향기
아득히 천상 비천녀飛天女
비단 옷자락에 감기듯이

찻잔 속의 우주
참으로 깊고 고요하다

바람
- 마라도에서

거침없이
살아온 생명

그 무겁無劫의 세월
깊은 바다 건너
끝없는 천공을 풀어헤쳐

만상萬象을 제패하는
광폭한 자유여

나무도 숲도
별도 달도 두려워
숨 못 쉬는

아, 그래도 광활한 가슴
확 트이게 하며
우우우 -

천지사방으로 달아나는
고독한 제왕이여!

산에서 별을 만나다

나뭇가지 끝으로 스치는 어둠을 움켜쥐면서
별이 돋아나는 산등성이를 바라보면서
아직 따스한 차 한 잔을 마신다

산에서 만난 별
산에서 사라지고
산에서 부딪친 어둠
산에서 사라지면 좋으련만

움켜쥔 주먹만으로는
외로움이 가시지 않아
땅에 내려 서있어도
가슴을 태우는 저녁별 하나

겨울 산은 아득하기만 한데

바람의 이야기
- 주암 능선을 타며

아찔한 골짜기
쏴앙 -
볼을 때리며 울부짖는 바람소리

바윗돌 움켜잡고
휘청거리는 허리 속으로
머나먼 바람의 이야기들이
주암 능선을 넘는다

힘센 나뭇가지들의
끊임없는 항변을 견뎌내야
날이 저물기 전에
바람은 산골짝 아래로
떨어져 내릴 수 있다

첩첩이 물결인양
하늘을 둘러친 산맥들이
정월 초순의 햇살을 받으며
꽃잎보다 화려하다

바람은 한사코
아득한 계곡의 밧줄을 타고
어두운 숲을 향해
뛰어 내리고 있다

기림사祇林寺 보리수 아래서

한없이 느슨한 고요
내쉬는 숨마저 평화롭고

내 의식이 고이 쉬는 기쁨이여

함월산숨月山 달빛
날개로 둘러쳤고

바람 숨 쉬는 소리
친구의 재잘거리는 소리마저
구원의 침묵으로 느껴지는

이 아득히 가라앉는
평온함이여

복사꽃, 아, 복사꽃
- 법륜사 가는 길에

친구야!
무성한 붉은 보석 밭이다
우리는 모두 숨이 가쁘다

아무리 탄성을 질러도
소리는 비껴가고
목울대만 아프지 않니

아직도 봄바람은 쌀쌀한데
몸 뒤흔들며 뽐내며
찬란히 터져 내리는
저 복사꽃들 눈부시지 않니

복사꽃, 아, 복사꽃!
고함지르게만 하는
저 얄미운 것들

귀에 익은 목소리

바람 소리일까
텃밭을 지나
울타리를 넘어

조약돌 어루만지며
해안으로 몰려드는
파도 소리로

언 땅에 부딪치며
봄을 몰고 오는 햇살로
가만가만 창을 두드리며
나를 부르네

가슴 알알하게
심장을 건드리며
내 생의 한 가운데로 흐르는
낯익은 그대 목소리

매화마을의 봄

매화 향기 가득히 다가선다
그 청렬한 기운에 눈이 부셔

섬진강 하얀 모래톱
강 빛마저 희고

목숨 휘돌아 푸른 등걸
봉오리로 맺혔느니

그대 목소리로 울려오는 꽃이여

어린 날 먼발치에서 보았던 얼굴처럼
아련히 가슴 적셔오는 강물 같은

꽃이여, 꽃들이여!

통영 바다

꿈꾸는가 잠자는가
그대 옥빛 바다여

명주 수건처럼 실실히
풀리어 나온 섬들 사이로

억겁의 세월을 품어 안고
말없이 출렁이는 정한

내 어린 날 추억으로
사랑처럼 머언 얼굴들 너머로

아득히 밀려가는
통영 바다

여름을 떠나보내며

야심 찬 박쥐같이
날개 뒤흔들던 여름

풀잎에 매달린 나비처럼
떠나가려 한다

잣나무 가지에 바람을 실어 줄
높은 하늘을 위하여

어둠의 골짜기 지나
푸른 언덕에 다다를
빛나는 이름들을 위하여

여름은 작별의 손을 흔들며
그렇게 황망히 떠나가고 있다

너를 기다리는 가을에

너를 기다리는 가을
나는 참으로 행복했었다

창밖에는 나뭇잎들이 앙상히 매달리고
을씨년스런 광화문 거리는
어둔 구름과 함께 쓸쓸했어도
내게는 차라리
아름답고 포근한 노래의 물결이었다

그해 날이 저물고
낯선 불빛들이 하늘 향해
부끄러운 얼굴을 내밀기 시작해도

너는 끝내
돌아오지 않는 강물이었다
세월이 물결처럼 흐르고
인생 또한 숨가쁘게 휘돌아갔다

나는 아직도
너를 기다리는 가을만큼

행복한 그리움의 앙금들을
떨쳐버리지 못하지만

때가 오면
저 아득한 별빛같이 가물거리는
기억들을 말끔하게 씻어 내리고

안개 걷힌 가을을
용감하게 걸어갈 수 있을 테다

한계령 달빛

첩첩 수풀 사이로
물결치는 달빛

고갯마루를 넘는
만 가지 수심은

머언 산봉우리로
흘러가는
한네의 승천

그대 어깨 너머로
서성거리다 가는 별들도

달빛 따라 숨이 차는
한계령 깊은 심장

만추晚秋

내 어머니
오랜 주름살 같은

들판의 이랑 사이로
줄무늬 지는 바람

늦은 가을의 두터운
발걸음 소리인가
이별인 듯
스쳐 지나가는 세월

가을은
죽음의 계곡에서도
다시 살아날
생명의 시간을 위해

날마다 조금씩 여위어 가는
그대, 그리운 얼굴

노을
- 서북주능의 끝자리에서

한계령 가는
험준한 가을 산길
철없이 눈 내려
사는 것은 무엇이냐고
발을 헛디디며 넘어지며

진종일 생각했다
서북주능 끝자리
가리봉을 안고 있는
찬연한 노을 속에

눈이 부시게 돌아나는
저녁 별 빛나는 얼굴들
허우적거리는 발길 끝으로

굽이굽이 한계령을 넘는
어둠 속으로도
끝끝내 사라지지 못하는
멀고 먼 내 기억들

비 내리는 섬진강에서

심질긴 어머니의 젖줄
굽이굽이 순한 물살로
넘실거리는 강물

한 세상 흘러 흘러
남길 것도 가질 것도 없는
인생인 것을

안개 깊숙이 흐르는
강바닥에 닿아
바둥거리며 목이 메는

삶이란 얼마나 허망한 것이냐고
비를 맞으며
강은 낮게 술렁거리며

어머니의 등줄기처럼
또 그렇게 하염없이 흘러가며

임진강
- 자유의 다리에서

바람이 불 때마다
임진강 강물은
날마다 조금씩 야위어 간다

목 줄기 타듯
통일의 깃발을 기다리며
언제나 허리가 아픈 강줄기

겨울 햇살이 가늘게
비끼어 간다

삐걱거리는 다리를 내질러
남으로 북으로 허겁지겁
달려간 동포는
지금 어디서
'자유'라는 메아리를
껴안고 있는가

날마다 굳어져가는
이념의 척추로 하여

임진강은 디스크를 앓고

허리가 아픈 강은
찢어진 장막 한가운데 드러누워
신음하고 있다

겨울

어디선가
겨울이 올 것이다

바람벽에 붙어 있는
오랜 광고처럼 부대끼며
찬바람 맞으며

그렇게 또 올 것이다
앙상한 나뭇가지 사이로
별들이 멍징하게 매달리며

겨울은 또 올 것이다
캄캄한 밤에도
빛으로 새기는
어둠 속을 걸으며

눈을 감고
하늘을 우러르며
빈 들판에 서 있어도
참으로 외롭지 않을

겨울은 그렇게
언제나
오고 있을 것이다

늑대

싸아 -
초원을 훑고 지나가는
적막한 바람

두 눈에 잉잉한 불을 켜고
어둠 속을 헤치고 가는
고독한 영혼

아무도 그를 반기지 않는다
이슬 젖은 초원마저
그의 행보를 기다리지 않는다

우우우 -
두려움 없이 그를 감싸 안는 건
들판을 가르는 어둠뿐

한바탕 긴 울음을 토하며
밤을 향해 울부짖는다

욕망의 늪에서

혼자 허우적거리는
빈 들의 공허한 권력이여

해운대 바다에서
– 새해 아침에

해운대 바다에서
새해 아침 태양을 기다리듯이
날마다 가슴 벅찬
기쁨만 있게 하소서

갈매기 떼처럼 날아오르는
풍선을 타고
끊임없이 상승하는
희망이게 하소서

새해에는 미움도 가난도
다 씻어 내리고
사랑만이 가장 아름다움임을
알게 하소서

강물이 마르고
땅이 갈라져도
봄이 되면 언 땅에서
잡풀이 돋아나듯
끈질긴 생명의 환희로

또다시 일어서게 하소서

우리에게 등을 돌린
모든 것들을 용서하고
산천을 대하듯
사람들을 사랑하게 하소서

해운대 바다에 떠오르는
태양과 같이
눈부신 삶을 주신 신에게
날마다 깊이 감사하게 하소서

다리 위에 서다

어디로 갈 것인가
강으로 흘러내리는 바람이 될 것인가
대숲으로 치닫는 날개가 될 것인가

천지는 캄캄하고
물소리 바람소리
가슴 서늘한 앙금으로
발길 묶으니

강으로 숲으로 갈래지는 길목에서
사람들은 저마다
무서운 얼굴로, 서러운 얼굴로
나를 부르며 회유하며 위협하고

이대로 다리 위에서
물소리 바람소리로 주저앉아
목 놓아 우는 장승이나 되었으면

바람 물살로 흔들리는 다리 위에서
어디로도 발길 머물 수 없어

휘청거리는 운명의 시간들을
내 어찌하겠는가

추봉도에서

송화 흩날리는
4월 바다 추봉도

졸음 오듯 엎드린
섬 사이로
언뜻언뜻 스쳐가는
남녘 바람

햇빛을 저으며
눈여겨보아도
가마득히 사라지는
그대 모습

물새 소리도
그리움으로 끼룩거리는
4월 바다
꿈꾸는 추봉도

토함산의 봄

나무 가지 끝마다
터질 듯한 분홍색 망울

임을 기다리듯
설레며 두근거리며
산은 꽃 피울 채비에
가슴이 부풀었다

옷자락 마주칠 때마다
아득히 솔바람 소리 들리는
이른 아침 토함산

두근거리며 다가서는
이 풋사랑
봄기운을 어찌하랴

4월의 저녁 기도
– 배냇골에서

슬픔도 황홀한 눈빛으로
이 충만한 시간을
맞이하게 하소서

첩첩 골짜기로
젖어드는 사월은
오래도록 잊혀졌던
아릿한 얼굴 하나

골짜기 맑은 물속에
아득히 고여 있는
그리움 하나로도
가슴에 넘치는 외로움으로도

주여,
이 아름다운 4월 저녁을
깊이 사랑하게 하소서

숲을 흔드는 바람소리
바위틈을 굴러 흐르는 물소리에도

언제나 감사하는

그러한 나날로
내 영혼을
익어가게 하소서

천상의 바람소리
- 가야금 울리는 여인들을 위하여

그대는 어느 먼 곳
천공을 나는 날갯짓이던가

눈부신 옷깃 휘날리며
영롱한 공명으로 피워내는
신기神技의 울림

천봉만학에 쑥국새 날아들 듯
중중기암 허리에 구름 휘감기듯
줄줄이 흘러 골짜기를 메우는
향 맑은 음률이여

가야금 굽이굽이
인생은 아득하여
꽃잎처럼 어우러지는
천상의 바람소리

삼월 들녘으로 나부끼는
요요夭夭한 모습으로

그대 영원한
생명의 숨결이여

신학대학의 봄

산새가 둥지 틀고
햇빛을 쪼이듯
하느님 우러러
기도하는 그대들이여

들끓는 욕망을 잠재우고
신을 향해 목이 마르는
절제와 사랑의 젊음이여

그대들을 향해
자꾸 가슴이 따가워짐은
내 범상한 삶의
부끄러움 때문인가

봄이 오는 교정에서
뻐꾹새를 기다리는
숲의 그리움으로

사마리아 여인의
두레박을 들고

나 또한 그대들의 목을
추겨주고 싶은
간절한 소망으로

3월
빛나는 교정의
햇살을 쪼이고 있다

달아공원에서
– 새벽달부터 저녁달까지

1. 새벽달

달빛 스러진다
새벽 희부연 기운 속에
바다는 눈을 뜨지 못한다

섬 사이로 감도는
촉촉한 미명未明은
지는 달도 아름답다는
말씀이다

2. 영롱한 태양

달은 지고
사랑에 취한 여인의 볼처럼
불그레한 기운이 하늘 덮더니

영롱한 기명색 태양
장엄한 교향곡을 울린다

불타는 아침이여
비비새도 갈매기도
찬란한 세상을 노래하고
햇살에 날개 적시며
바다를 휘감는다

3. 가슴 아픈 몰락의 장엄함

영롱했던 보석은
기명색 피를 토하며
산 위로 물 위로 떨어진다
영웅의 최후 같은
이 장엄한 몰락의 아름다움이여

4. 또다시 달은 뜨고

다시 달이 뜬다
4월 능선 위로 둥두렷이 떠오르는 달빛

엷은 어둠 어루만지며
작별을 고하는 들새 울음소리

해가 지고 달이 가고
사랑도 미움도
먼 그리움으로 사라지는
달아達芽여!
나의 항구여

눈 내리는 통고산에서

소리 없이 흰 너울 쓰고
산은 천 년 기약 없는
임을 기다리는가

바람은 골짜기로 떨어져 내리며
깊은 한숨으로
하얀 한을 토해내고

솔솔히 풀어 내리는 눈가루에
얼굴 적시는 나무들

통곡 같은 세월 견디어내고
이제 순백의 잠 속으로 빠지는

은빛 겨울 산의 아득함이여

스페인 베나바레Benabarre 사람들

골목길 어디에서도
마주치고 인사하는
따뜻한 마을 사람들

벽은 헐었고
낡은 커튼이 햇빛에 바래어
하늘에 걸린 빨랫줄처럼
나울거려도

바람 살랑거리는
돌계단을 오르내리며
눈부신 태양과 함께 사는
즐거운 베나바레여

낮은 언덕의 성사城舍
오래된 종루에서
녹슨 종소리가 울려도
늙은 인생을 한탄하지 않는
에스파냐의 남쪽
베나바레Benabarre

흰 구름 머물 듯
잠시잠깐 앉았다 가는
나그네를 위하여
작별의 인사라도 나누고

그대 영원히
행복한 마을로 살아남으시라

라 만차의 돈키호테 언덕에서

광활한 밀밭과
푸른 올리브 숲을 지나
하늘을 치솟듯 구름 피어오른 언덕
돈키호테 경을 찾아간다

낡은 성곽들이 마을을 둘러싸고
Toledo와 Cuenca, Con Suegra 땅들을
끊임없이 오가며
여윈 로신안테의 발목을 재촉했던
고독한 기사여

바람 부는 언덕
풍차는 돌고 돌아
허물어진 성터에
바람을 묶어두고

낡은 투구와 창을 들고
라 만차La Mancha의 평원을
달리는 돈키호테

토보소의 둘시네아는
진실로 꽃다운 여인으로 살아남았느니

사랑으로 하여 진정 고독했던
아름다운 라 만차의 환상이여
그리운 중세의 순수한 열정이여

태양의 바르셀로나
- 플라밍고 없는 람블라스 거리에서

절반은 벗은 여인들과
두꺼운 살들이 출렁거리는
태양의 거리
맥주와 와인과
돼지고기와 절인 생선들

형형색색 사람들의
소음과 웃음으로
술렁이는 땅이여

작살 쏘듯 눈부신 태양과
푸른 지중해를 껴안고
뜨겁게 인생을 태우며
플라밍고를 추던
사람들은 어디 갔는지

허술한 포스트모더니즘만 남아
싸구려 흥행으로 출렁이는구나
눈부신 태양의 바르셀로나
람블라스 거리의 열정이여

그대 다시 불멸의 꽃으로 피어나
영원한 생명으로 타오르는
플라밍고의 땅이 되오시라

홉스걸 호수*의 별빛

너무나 할 말이 많아
저 질정할 수 없는
별들의 반짝거림에
마침내 가슴 울렁이는
밤하늘이여

은하수 차가운 물에
몸 정갈히 씻고
저녁 햇살 속으로 날아간
기러기 울음소리

깊디깊은 호수에 떨어져
눈부신 별들로
태어나는가

천만년을 살아도
맑은 기운으로 다시 살아날
바이칼의 어머니
홉스걸 호수의 찬란한 별들이여

*홉스걸 호수 - 몽골의 가장 맑고 아름다운 긴 호수, 바이칼 호수의 원류原流가 되는 곳이다.

호수에 쓰는 편지

새벽 호수 위로
무성히 피어오르는 물안개 속에
막막한 그리움이 있습니다

별들은 현란한 축제를 끝내고
자작나무 숲은
아직 깊은 숨을 몰아쉬며
잠들어 있습니다

이슬에 젖으며 날개 치는 백로들
광활한 홉스걸 호수
짙푸른 수면을 차고

꿈결 옆을 스치는 새벽바람
그대 향해
날아가고 있습니다

거리의 악사

가로등이 밤을 지키는
골목길 모퉁이에서
바하를 연주하는 첼리스트

레알 광장 저편에는
화려한 술잔과 인생이
술렁이는데

골목길 어귀에서
어둠의 정령을 울리는
에스파냐의 고독한 바람소리

그 신록

어린 신부는
연초록 저고리 검정치마를 입고
햇살 퍼지는 들판으로
나들이 준비에 들떠 있다

바람 부풀어
하늘은 빛나고
새들은 카운터 테너로 노래한다

마른 대지를 적시며
바위틈으로 용솟음치는
샘물을 퍼 담아

그대 어린 날의 신부여

가슴을 헹구는
지난날들을
어찌 잊으리라 할 것인고

어치새에게

갈색 꼬리 매혹적으로 늘어뜨려
우아한 자태로 뽐내지만

날카로운 부리를 열어
다람쥐 꼬리도
뻐꾹새 날개도
잽싸게 잘라 먹는 녀석

바람 자고 고요한
송광사 뜨락에 내려와
햇살 쪼이며 졸다가

둥지 잃은 새들이 날아오면
빛살처럼 날쌔게
날개를 치켜세우는
얄밉고도 어여쁜 녀석

낙동강 안개

아직 남은 달빛 속에
새벽 강은 잠자고 있다

졸고 있는 사람들의 어깨에도
잦은 달빛이 떨어져 내린다

강둑을 거슬러 오는
안개를 바라보다가
사랑은 안개가 아니냐고
팔을 흔들며 물어본다

사랑만이냐고
인생이 안개 아니냐고
되묻는 강물 소리를 듣는다

불현듯 새벽 발자국 소리 높아지고
달빛도 흩어지고
강물 소리도 들리지 않는다

낙동강 안개는

산기슭 옷자락을 휘감고

인생은 아득해도
매양 푸른 아침이 오는
아름다운 곳이 아니냐고
말한다

그러한 어머니

파도 소리가 자장가인 줄만 알았습니다

이 세상에서 제일 부질없는 이름이
어머니인 줄 알고만 있었던 그러한
내 유년의 어머니

아버지 가슴을 쓰리게 하고
할머니 눈물 마를 날 없게 했던
그렇게만 알고 있었던
나의 어머니

내 슬픔이 어머니 몫으로
강물처럼 출렁인다고 믿게 했던
부질없는 미움으로
생의 모퉁이를 돌아 돌아
망각하고 싶었던

바닷바람이 멀리멀리 실어가던
어머니 -

당신 가신 날
어찌 이리 눈물이 굽이굽이
내 가슴을 터지게 하는지요

푸른 하늘 날으소서

어찌하여 당신은
늘 초라한 행색으로
꿈으로 와서
내 눈물 보고야 떠나는 것입니까

쓰린 세상을
무어 그리 잊지 못해 안달하고
궁핍한 날들을 걱정하는 것입니까

달빛 푸른 날이면
흰 날개 달고 하늘을 날으소서
지상은 번뇌로 뜨겁고
천둥과 폭우로 어지럽답니다

어찌하여 당신은
이승 인연 끊지 못하고
검은 구름처럼 떠도는 것입니까

햇살 밝은 날이면
황금빛 투구 쓰고

하늘을 날으소서

아, 사랑하는 당신!

마두금馬頭琴*

말꼬리에 묻은 혈흔 쓰다듬고
오열하는 젊은 혼으로
사랑의 악기를 만들었느니

천년이 지나도
맑은 물소리 골짜기로 흘러
후미** 구성진 가락에 머물었도다

날개 잘린 천상의 말이여!

그대 얼굴 새겨진
마두금馬頭琴의 넋으로
못 다한 이승 인연
영원으로 이으시라

머렁Murun 푸른 초원에
들꽃처럼 피어서 흔들리고
천만년의 바람소리로 흘러흘러
해와 달로 남으시라

*마두금馬頭琴 - 몽골 고유악기, 날개 달린 말을 타고 날마다 사랑하는 여인을 만나러 갔던 총각이 있었는데 이를 시샘한 다른 여인이 말의 날개를 잘라버리자 슬픔에 젖은 총각이 죽은 말 꼬리로 두 개의 현絃을 만들고 말 머리형상을 새긴 나무로 악기를 만들었다는 전설이 있다.

**후미huumae - 몽골 고유 음악으로 '계곡을 흘러가는 소리'라는 뜻. 가장 높은 음과 가장 낮은 음을 동시에 내는 음악으로 마두금으로 연주한다.

먼 길

어머니,
강 너머로 하얀 상여가 지나갑니다
봄바람도 실리어 갑니다

푸른 잔디 위로
눈부시게 달려오는
햇살도 마다하고

비단옷 당혜 신고
어머니는 눈물을 삼키며
무심히 흘러 갑니다

멀고 먼 산 너머
구름처럼 소리 없이
내 울음 비껴가며

하이얗게 펄럭이며
손짓하며 그렇게 당신은
아득히 먼 길
떠나가고 있습니다

저무는 정월 바다

정월 끝
해가 진다

바다와 하늘이
맞닿는다

반짝거리는 항구의
불빛

가슴에 물결치는
그리움

눈 덮인 마을의 그 여자
- 나의 오랜 제자에게

눈 덮인 경기도 광주 들판
길섶의 그림 같은 외딴집에
홀로 사는 여자

멀리 어둠 속을 지나가는 불빛들만
적막한 겨울의 침묵을 깨뜨리고

눈은 밤새 내려
천지는 새하얀 궁궐인데
동화 속의 여인처럼
맑은 미소로 잠든 여자

경기도 광주군 깊은 눈 속에
그림보다 아름다운 둥지를 틀고
강아지들의 왈츠를 들으며 사는
맑고 검은 눈의 그대에게

날마다 눈부신 일만 있으라고
세상 근심은 비껴가라고

새벽잠에서 깬 새들이
축복의 전언傳言을
보내고 있다

프리지어 꽃을 사고 싶었던 날

펴낸날 | 2007년 5월 20일 • 1판 1쇄
지은이 | 김정자
펴낸이 | 김소양
편집주간 | 김삼주
편집 | 이윤희
영업 | 임홍수

펴낸곳 | 도서출판 우리글 • 전화 | 02-566-3410 • 팩스 | 02-566-1164
주소 | 서울시 강남구 역삼동 837-17 삼성애니텔 1001호
이메일 | wrigle@wrigle.com • 홈페이지 | http://www.wrigle.com
출판등록 | 1998년 6월 3일 제03-01074호

ⓒ 도서출판 우리글 2007
Printed in Seoul, Korea

ISBN 978-89-89376-64-5
      89-89376-20-3 세트

* 잘못된 책은 바꾸어 드립니다.
* 책값은 뒤표지에 있습니다.